Concierto para delinquir

OCTAVIO ARMAND

Concierto para delinquir

bokeh ✳

© Octavio Armand, 2016

© Fotografía de cubierta: W Pérez Cino, 2016

© Bokeh, 2016

Leiden, NEDERLAND
www.bokehpress.com

ISBN 978-94-91515-52-1

Cantar a cántaros 9
Visita..................................... 10
Yunta 11
¿Por qué escribe? 14
Acuario 15
Tareas del lector 23
Mesa de noche......................... 24
Vademécum 25
La destrucción del presente 26
Respiración 28
Academia de la lengua............ 29
Música antigua...................... 31
Pájaro.................................... 32

Thot 33
Toto 35
Chinatown............................. 37
Akkad 39
Keros..................................... 42
Heródoto, VII, 39-40............. 43
Galeote................................... 44
Limosna para el cínico 45
El converso............................. 46
Teotihuacán 47
Cuicacalli............................... 48
Arcimboldo 50
Hermes o el pintor 51

Walt Whitman 52

Collage de azogue 53

Abandono 54

Escala de Beaufort 56

Orfandad 57

Lenox Hill Hospital 58

Asela 63

Epitafio 65

Manuscrito de Federico hallado
en el corazón de Octavio 66

Orquídea negra 68

Caracol 70

Paradoja del caracol 72

Intaglio 78

Blanco y negro 80

Narciso 81

Río 80

Imagen sin espejo 81

Caballitos del diablo 84

Guantanamera 86

Escalera 89

晚 90

Concierto para delinquir

Caracas, 13 de marzo 2010

Cantar a cántaros

Les doy la primera opción de publicar estos papeles porque no tengo otra.

Todas mis obras son póstumas. O casi. Zozobras de mi vida.

Nunca fui al pozo por el balde ni por la soga. Ni por el tosco brocal de piedra. Siempre fui por agua.

Que tuviera que saciar la sed ahorcándome o sometiéndome a lapidaciones no fue culpa mía. Ojalá tanto trajín no haya sido enteramente en vano.

Por lo pronto aprendí que en rápidos sorbos las piedras más pequeñas no hacen daño. Son como burbujas. No solucionan el desierto pero con ellas se pueden construir pirámides. Muy útiles, pues, para póstumos. También sirven para hacer gárgaras a orillas del mar, ampliamente recomendables por cierto para tartamudos.

Cantar no es un cántaro. Y un amago de palíndromo en d,e,s,ierto tampoco. Pero los espejismos avivan el sueño de un oasis. Algo es algo.

Caracas, 9 de octubre 2008

Visita

Un árbol con su aldaba de bronce
Vitrales enamorados de la luz
Y mosaicos enamorados de la sombra
Verjas dibujadas en hierro
Y el puntal donde el sol dice oriente
Son exactamente de mi talla
Bebo copas de trino, duermo en cataratas
Y sueño entre piedras primaveras sin memoria
Que tu lengua no sea valla ni pisapapeles
Que vuele hacia los márgenes
De noche cocuyo, mariposa de día
Que nadie pesque en heridas
Que a nadie elogien las lágrimas
Ni las cicatrices, ni los mármoles, ni las tumbas
Aquí aprenderás a rimar aullidos
Y trazarás ideogramas en la tierra húmeda
Con la hormiga montada a pelo
Vístete de distancia, lluvia, brisa
Ponte aroma de café y cáscara de limón rallada
Y vuelve, ven, no te vayas
Hasta el viento quiere quedarse aquí

Caracas, 13 de enero 2014

Yunta

1.

Tú y yo.

2.

Comenzaremos de cero.

3.

Aquí no estamos ni tú ni yo;
y sin embargo recorreremos
juntos estas líneas.

Como manecillas de reloj,
en dos tiempos viviremos
la noche y el día.

4.

Cuento contigo, te invento
como me invento a mí mismo,
otro en mi sombra y en la tuya.

5.

Te llamo yo. Te llamas yo.
Tu nombre es mi lengua.
En cada palabra te digo.

6.
Acadio, hitita, elamita, arriba
aprendo a escribir en lo oscuro;
abajo los bueyes enseñan
a leer con ojos de cerradura.

Abismos a flor de piel,
poros jadeantes, volcanes
donde respira el invisible Hades,
las palabras parecen muescas.

7.
La mano que sigues no está.
Sigues semillas pisoteadas, cuñas,
huellas que marcan el rumbo.

Mi aliento titubea ofreciendo
palabras que serán otras,
acaso más tuyas que mías.

8.
Dar en el linde para dar
otra vez la misma vuelta,
abrir otra vez el mismo surco,
soñarme entero y sin yugo,
cubrir la tierra baja, fecundarla,
inundando las márgenes
con bordados chorros genésicos.

9.
Estuve aquí el 24 de octubre de 2014.

Tracé unas líneas para dejar estelas.

Negras, fértiles.

10.
No sé qué he dicho.
No sé qué callo.

11.
Me sentí antiguo

12.
y ahora quizá lo sea.

13.
Bueyes de tierra baja,
peces de río revuelto,
solos lado a lado,
solo dos sílabas,

14.
tú y yo.

¿Por qué escribe?

Para que los pájaros regresen al cielo
y no se extravíen los peces voladores
al irse a pique entre dos olas;
para que una muchacha lo olvide
y otra lo recuerde;
para que su hija lo quiera
y su mujer lo perdone;
para pulir piedras de papel
y cazar búfalos con Crazy Horse y Red Cloud;
para soñar despierto y mentir menos;
para no temerle a los espejos
y creer en dios a pesar de los teólogos;
para volver a un patio y al Uvero;
para despedirse y decir esto es soneto.

Caracas, 24 de agosto 2014

Acuario

Las calles cuadriculadas del pueblo y las no menos cuadriculadas disposiciones de papá y mamá lo obligan a asumir el papel de soñador.

Se siente condenado a un horizonte estrictamente vertical. Durante una hora tendrá que jugar con el cielo. Sólo podrá vagar, corretear y perderse allá arriba, lanzándose como una escalera al cenit para luego hacer de los infinitos peldaños el pie de una babosa y las sincronizadas patas de un ciempiés.

Sentado en el quicio del corredor, observa las nubes, tratando de adivinar el mutante teatro de las formas: ese león que se diluye en la garrafa de vino, aquel sombrero que cae dentro de la cabeza antes invisible, y el cuerpo que ahora mismo acaba de tragársela, contorsionándose a través de sus propios resquicios y recovecos hasta reducirse a cintura, rodilla o calcañal, y que de repente ladra, nada, perro y pez mostrando la lengua jadeante y la agalla convulsa en el rosado o bermellón que deja la luz al atravesar el sinuoso espesor de las nubes.

En la playa el espíritu aventurero se orienta por ellas. No las sigue como un poeta inglés. Ni se cree nefelibata como Darío, palabra entonces más discreta que una tumba en el Valle de los Reyes y poeta más remoto que una constelación recién descubierta a 5.000.000.000 años luz.

Al despertar a orillas del mar y aprestarse para las posibles aventuras del día, se fija detenidamente en el cielo, que ha amanecido otra vez para él. Su cómplice, sin duda, pero impredecible, arrogante, variable mientras la luz termina de pintar un primer plano inquieto de blanco algodón, gris cana o negro ojo de canario, dejando coloreados en segundo plano un domo azul intenso o pálido, lechoso o dramáticamente encapotado, como si las alturas mismas se prepararan para un chaparrón cubriéndose con una capa.

Según la lectura del cielo, optará por mar o monte. Monte quiere decir safari en las llanuras africanas o caza de búfalos en las praderas del oeste americano, vastedades resumidas en el trecho que hay entre El Uvero y La Punta de la Mula, farallones a un lado y al otro la rala y reseca vegetación de la costa.

Si opta por el safari se echa al hombro la escopetica de municiones, apostando a nuevos trofeos, ya que ha mejorado sobremanera la puntería gracias a las jaibas que en vano disimulan su achatado verdinegro con el brillo espumoso del dienteperro. Cada tiro paraliza una, petrificándola hasta la próxima ola, que regala sus trozos a guasas o picúas, unas al acecho entre algas, las otras flotando a la deriva en su plateada energía potencial.

Al atravesar como alfiler a la jaiba de efímera geología, el disparo fulmina un sálvese quien pueda entre las restantes, que simultáneamente aplican la dinámica gravitatoria, escurriéndose en inventadas direcciones mientras el dienteperro por un instante titila como el cuello de una yegua.

La escopetica que enseña a volar a los pajaritos, asustándolos, sirve también para pellizcar iguanas cuando se pavonean como francesas en cueros a orillas del Sena o en la flamante Costa Azul, salvo que el cuero de las iguanas es cuero de veras, y las municiones, como fastidiosos moscardones, apenas logran despertarlas momentáneamente de su sonambulismo. Al reiterado acierto del francotirador, algunas catatónicas deciden espantar a los dípteros de cobre con una carrera.

En ocasiones el disparado reptil inadvertidamente agarra el rumbo del mosquetero. Entonces hay que evitar a toda costa el choque de los maratonistas, cuyos zigzags huidizos pueden ocasionar indeseables encontronazos.

La opción más a su gusto, contrapuntística por primitiva y salvaje con la escolaridad y el orden de los cubiertos sobre el mantel bordado, aconseja arco y flecha, y galopar sin montura ni brida ni siquiera caballo tras los barbudos bisontes. Asume así una identidad enteramente grata, al encaramarse en la metáfora tramontana que lo sitúa en horizontes tan lejanos en el espacio como en el tiempo, transformándolo de raíz, no en héroe romano o moro celoso, como a un actor isabelino, sino en piel roja ennoblecido por la injusticia y las adversidades, uno que él quisiera vencedor aunque lo sabe irremediablemente vencido. Por eso cambia de raza y de nombre. Es un indio y se llama Toro sentado, Nube roja, Gerónimo o Caballo loco.

Descamisado, y en la trusa que le sirve de taparrabo, se enrumba hacia el descampado apodado el Aeropuerto desde que Campitos aterrizara ahí con su avioneta. Es el sitio donde suelen rumiar las manadas de búfalos -- si por manadas de búfalos se entiende la solitaria vaca fajadora, animal tan doméstico como él, pero que ha logrado reasumir la ferocidad de sus genes, remontándose al atavismo de embestidas y cornadas tras deambular durante meses fuera del potrero y el alambre de púa.

Los flechazos, imposible negarlo, parecen disparados por un discípulo poco aventajado de Zenón, como si el pequeño arquero hubiera aprendido por metempsicosis pero a medias o muy mal las pasmosas lecciones del eléata. La aporía apenas cumple la mitad de su aparente milagro. Pese al entusiasmo novato, las flechas nunca llegan a la meta. Tampoco dejan suspendidas en la mente el ruborizado arco iris de la lógica. Pues ni dan en el blanco ni logran permanecer metabolizadas en el aire, como si al agitar el viento no lograsen la necesaria resistencia de vientos contrarios para satisfacer el encogimiento acelerado del número y la elasticidad lentificada del espacio.

Las flechas sencillamente caen lejos de la impávida cornúpeta. Primero a cien metros, luego ¿a cincuenta? ¿a veinte? No resulta fácil precisarlo, pues el intrépido sioux se ha ido acercando a la bestia que aspira derribar. Además, el kilometraje depende de voluntades reñidas, que ni el rabillo del ojo al buscar salidas de emergencia puede perder de vista. Poco a poco, en la reducida distancia, la flacuchenta residual de veras se ha transformado en búfalo de inminente galopada, por lo que el arquero se detiene en seco y desiste ante la plenitud de la metáfora ajena, que lo ha identificado y lo tiene fijo en la mira telescópica, mostrando excesiva insistencia en levantar polvaredas con las patas delanteras, como si ominosamente escarbara una tumba sin nombre en el centro de la tierra.

Monte quiere decir todo eso. Mar es mucho más. O menos. Suele implicar la red de mariposas de la mamá, que él tendrá que sustraer sigilosamente del armario, como si el imprevisto desvío de la función pudiera acarrear severas consecuencias. El sigilo en realidad no teme esas consecuencias, que acrecientan, con la levadura del riesgo exagerado, las tentaciones de la aventura, pues varias veces lo han sorprendido pescando con el enorme colador de telaraña y ya los regaños ritualizan la costumbre de las partes involucradas: suya, la captura de mariposas sumergidas, de aletas vibrantes, ariscas, nunca de alas plegadizas o movimientos incautos; la de la madre, una capitulación que a la larga apenas exigirá la limpieza del mosquitero cónico en agua dulce.

Si han escondido la red, o alcanzarla exige peligroso alpinismo de armario, no por ello tendrá que resignarse al hierático papel de soñador. Lamentablemente, es cierto, esa mañana no podrá repetir el milagro: la multiplicación de los pececitos que añaden zigzagueantes colores al acuario, como si la transparencia del vidrio fuera prisma de agua salada y luz descompuesta los animalitos secuestrados hasta el final del verano.

La falta de red significa una frustración muy pasajera, sin embargo. Pues hay un plan b. La careta y el snorkel siempre están a mano y bastan para unas veinte mil leguas de viaje submarino en metro y medio de profundidad.

La careta le parece una pecera portátil; él y su mirada, así decide suponerlo, completan el cubo de vidrio que muestra esa otra cara insomne, palpitante. Lo curioso, sabe, es que eso lo convierte en paradójico acuario sin agua. Es una isla. Está rodeado de agua por todas partes. Y también de erizos, corales, pulpos, langostas, algas, tapaculos, aguamalas, rabirrubias, pargos, tamboriles. Para acumularlos en la mirada y retenerlos en la memoria tiene que ser absolutamente impermeable: no puede tragar agua ni dejar que la careta se rinda a la corriente.

Y sin embargo, él mismo somete su imagen a las imágenes, dejando que el vidrio se entregue en escamas o lascas de hielo a la luz verdosa, espesa, donde el sol poco a poco se ha disuelto; y así gustosamente olvida la orilla, como si de una vez por todas se despojara de fastidiosos vínculos con la tierra. Éxtasis de comunión con el medio donde no necesita apoyarse en firme. Éxtasis de comunión con un mundo de crecida libertad, sin calles ni caminos ni aulas ni adultos ni los niños hablan cuando la gallina mea. Intemperie de regocijos, de temperaturas que afirman el sol diluido o lo niegan, según la zambullida.

La obligación de visitar a una amiga –poco recomendable según las malas lenguas– lo lleva al pie del farallón, unos metros más allá del muelle de Manolo Casas: la morena que como novia de pueblo asoma la cabezota al verlo, abriendo y cerrando la boca para saludarlo entre bostezos. El saludo es un agujero tan profundo –así lo imagina– que anillo tras anillo llega hasta la cola. La acostumbrada cortesía dura poco. Menos cada día. Quizá esa morena que lo espera en el balcón se enrolla porque su admirador no adivina que quiere serenatas. Y retira sus curvas, decepcionada como el minutero de un reloj atrasado por el tiempo perdido. Entonces se encoge el cilindro boquiabierto, enconchándose de nuevo como un maquey, y la oscura siesta interrumpida se reanuda en la cueva de carne oculta en la cueva de piedra.

Del farallón vuelve al horizonte de transparencias. Se siente como pez en el agua, capaz de flotar durante horas respirando por el snorkel, y muy capaz también de prescindir repentinamente de boca, nariz y pulmones al sorprender abajo colores, formas, movimientos o destellos que insinúan complicidades. Aquí no hay que cambiarle el agua a la pecera. Él mismo es una pecera dentro del agua. Pecera sin fondo y llena de peces por fuera.

Enorme y transparente, juraría que es el mar.

O el cielo.

Solitarias, como si habitaran el triángulo rojo que ha dibujado en el colegio, las estrellas de mar arrastran con su paso el escaso disimulo de las algas, o se aferran, chato pulpo de cinco brazos, a retoños de coral o al erizo negro desprevenido que pretenden devorar. Y cuando él se fija en una, lejos de temer que se esconda, cree que le guiña, exactamente como las de la noche.

La pentarradial lo remonta al abismo estelar mientras devora al erizado, avisándole que las constelaciones lo pueden sumergir en el abismo marino y que aprenderá más en la oscuridad que en pizarrones. Esa sensación la querrá repetir mil veces. Estar en cualquier parte y en ninguna, lección del erizo que al ser devorado se defiende de la luz extendiendo púas en todas direcciones, y luego se funde con ella, como si el abrazo aglutinante y destructor escarbara arribas abajo y alzara abajos arriba.

Los horizontes dan vuelcos entre norte y sur, y este oeste, y lo estrenan como otro abismo entre arriba y abajo, noche y día, allá y más allá. Es un agujero, como el boquiabierto cilindro de la morena. Un túnel entre pulmones quietos y agallas inquietas.

–Las nubes –se dice cautivado por la libertad que descubre–, esas nubes que rompen contra el viento son espuma del mar llamado cielo y escamas de la constelación del Pez volador. Es posible zambullirse en las alturas y en un par de metros explorar las profundidades sin el Nautilus ni el capitán Nemo. Y mientras más bajo, más subo. Y en la fijeza hay movimiento y caos en la armonía. Y el sol cabe en una cajita de fósforos o en una gota de agua. Y con cielo y mar como juguetes, soy peldaño y escalera. Y como sioux o apache multiplico vacas por búfalos y entre El Uvero y La Punta de la Mula coloco praderas nevadas.

Fantásticos aprendizajes de metáfora que, sin saberlo entonces, fueron las primeras lecciones de la única ciencia exacta que él trataría de conocer, acaso la única que existe: la poesía.

Pequeñas lecciones. Artesanía del poco. Saber que el milagro es que el milagro ocurra.

Tan sencillo como eso. Y tan extraño.

Caracas, 2 de mayo 2015

Tareas del lector

Pintar la noche de negro.
Dar cuerda a las estrellas
para que duerman los niños
y dar cuerda a los gallos
para que despierten.
Juntar las orillas del tiempo
en la cicatriz del sueño;
las del espacio, como un par de labios;
y con el beso que se llama aquí, ahora,
las que separan la realidad del deseo.
Recordar que bajo estas sábanas
un puñado de palabras sueñan contigo.
Cúbrelas bien o despiértalas.
Aquí tú eres noche y día, estrella y gallo.

Caracas, 1 de abril 2014

Mesa de noche

Se asan como Ícaro las mariposas
en los ideogramas que trazan.
Sílabas parpadeantes de la lámpara,
dicen su verdad incandescente

hasta que caen sobre otra página,
la tuya. ¿Sabrás quemarte como ellas
en alguna verdad? ¿Sabrás rimar
las llamas hasta apagarte en llamas?

Deja tus palabras entre las suyas
durante la noche. Sueña que dices
mariposas para la luz, y que revolotean

y mueren entre tus letras, sumando
trizas a las tuyas. Al despertar borra
tus palabras: quedará el poema.

Caracas, 8 de julio 2014

Vademécum

Si me prestas tu rumbo,
te regalaré el camino.
Seré tu sombra y tú la mía.
Adivinaré tus pasos
como si bailara contigo.
Aunque te pierdas en repiques
que llaman a mil puertas y ninguna,
sigue las huellas que vamos dejando.
Extraña dicha: me leo en tus ojos.
Tienes mi sombra, yo la tuya.
No estamos solos.

Caracas, 17 de marzo 2014

La destrucción del presente

Algo inmortal hay en nosotros que
quisiera morir con lo que muere.

Antonio Machado

Sabor, sonido, imagen.

Absorben, contienen, secuestran.

La sensación se intensifica, se profundiza. Lo inmediato
se prolonga hasta anular lo inmediato.

El presente no transcurre, escasea, desaparece en pasados
que no pasan, que suceden ahora mismo, y siguen y seguirán
sucediendo, como sueño o memoria.

Despertar hacia dentro en el cual me demoro, como si
deseara fijarlo, recordarlo, tratando de recuperar sus redon-
deces y sus vueltas para permanecer en él, reconstruyendo
otro y otro pasado, metiéndome en su ahora como en un sobre
para dirigirme a la luz o al ruido de la calle, hasta llegar poco a
poco a mi propio cuerpo, donde de repente me siento anclado,
donde acaso podré diluirme como un puñado de sal en las
palabras que me dejarán quieto aquí, abajo, rodeado ya no de
luz y ruidos sino de algas y corales, entre agallas que respiran,
reduciéndome, filtrándome, adivinando gota a gota el rumbo
caudal.

Sensación de pesar en el fondo de la página, donde he
caído, y donde reposo como en una superficie profunda, tras
haberme demorado en algún recuerdo que rueda sobre sí
mismo, alejándome del punto de partida que es el presente,
o que fue el presente, pues desde hace tiempo ha permanecido

fijo, como la punta de un compás que da vueltas y más vueltas, trazando innumerables círculos de radios que se estiran o se encogen desde un centro idéntico.

Entonces no queda más remedio que hacer algún apunte, garabatos engavetados en tiras de papel que por azar descubro meses o años después para volver a perderme en la maraña de letras y sílabas con la esperanza de levarlas, comenzar en blanco, zarpar rumbo a no sé dónde.

Mientras tanto, aquí estoy.

Caracas, 3 de junio 2014

Respiración

Sueñas el número, la letra,
los dioses, el tiempo
sin medida de los dioses
y el calendario borrascoso
de los hombres, que no dura;
sueñas el éxtasis de la renuncia
y del deseo inagotable,
la gula del yo y el ayuno del sadhu,
el Kama Sutra y el nirvana;
sueñas la eternidad y el instante
y la eternidad que es un instante;
sueñas el infinito y la nada
y el cero que tantas veces
los ha contado en vano;
en un mismo sueño, despierta,
sueñas todos los sueños.
India, no me dejes fuera
de tu sueño ni dentro del mío;
suéñame nada y nadie contigo,
lleno en tu colmo, vacío en tu vacío.

                              Caracas, ¿   ?

Academia de la lengua

La cabeza grita Eurídice, canta, profetiza.
Le sobran pulmones en la lengua,
afina la corriente del Hebro,
pulsa las mareas, vence a la muerte.
Quienes de noche han escuchado su lira
o al ruiseñor demorado en la tarde de Hampstead
saben que los poetas no mueren. No del todo.
En tiras de papiro Safo acompaña a los muertos
mientras Ni Hems Bastet le canta al faraón.
La pirámide es un palacio, no una tumba.
Las momias, los nombres, hasta las piedras
viven en la voz embalsamada de Ni Hems Bastet.
Canta la lengua del mudo y la oyen los sordos.
Que no solo mueva la cabeza, exige Pedro,
que nos hable el muerto, como aquel
a quien ni la cruz ni los clavos callaron.
No es magia la verdadera palabra, es milagro.
Elocuencia del filósofo que se muerde la lengua,
se la arranca de cuajo y la escupe al tirano.
Elocuencia del tartamudo Romano, lengua
suelta del espíritu, lengua invisible cortada
por la navaja más allá de la raíz, que habla
con asombrosa fluidez de las grandezas de Dios.
Elocuencia del apóstol, mordida la lengua
y materialmente clavados los dientes en ella.
Soy Romano, soy Martí, soy Keats, soy Orfeo,
soy Horacio, soy yo dice el otro que es Rimbaud.

Solo papiro y pellejo, palabra que sobrevive
después de tantas, tantas palabras.

Caracas, 28 de mayo 2014

Música antigua

Se oye la luz
Gota a gota sube la marea
Astillas de suspiro la espuma
Alrededor de la crátera
El pulpo amarra colores
Caribdis silba espera
Sueña el caracol vacío
Una escalera de caracol
Donde rompen las olas
Chorreando estrellas
Entre rizados atriles
Afina su violín la chicharra
El viento toca las hojas
Canta un pájaro

Caracas, 5 de julio 2014

Pájaro

¿Lo viste? Acaba de saltar
de aquel verso a este.
¿No lo ves? Está ahí mismo,
en lo que acabas de leer.
¿Acaso no lo oyes?
¿Tampoco lo oyes?
Lástima. Se fue.

Caracas, 5 de julio 2014

Thot

1.

Abre las alas.
Aún no es dios.
Aún no sabe ser dios.
Ni siquiera sabe que es dios.

Al inventor de la escritura
no lo han inventado todavía.
Es solo la muerte, chapoteando
entre constelaciones que no duran.

Palabra no dicha, no escrita,
apenas flor de labio, picotazo,
tallo afilado, tinta espesa, ibis

blanco y negro sobre zancos
rosados, en el charco Thot engulle
relámpagos que parecen alevines.

2.

Los muertos no acaban de morir
y los dioses olvidan que son dioses;
inventan sombras como la luz;
descubren antes como después;

cantan como nubes que son pájaros;
repican con alborozo de aldabas anudadas
pasados, futuros por un instante presentes
como el sabor en la fruta mordida.

A orillas del río, el ibis rebana a la luz
en siete colores y a la sombra en siete mil;
no hay verbos, solo conjugaciones;

prisma el aliento, prisma el cuerpo
que vuelve a henchirse en sombras
que dibujan, repiten, acompañan.

Caracas, 27 de octubre 2014

Toto[*]

Husmeo las palabras.

Entierro el hueso relamido
en una página.

Soy las seis de la tarde
hasta las once de la noche.

Pasa el río como una campana.
Lo cruzo como un badajo.

El zumbido de la abeja
es una misa.

Ser amarillo, verde, azul.

Decir yo con lobos.
Decir tú en todo.

Me escondo en tus ojos
como la carta en el sobre.

---

[*] Toto es el bichón de Johan y Judith Gotera. Cuando corretea en la nieve apenas se le ven los ojos y el hocico, porque es tan blanco como la nieve. Espejismo del color: de repente parece un muñeco de nieve haciendo acrobacias en la pista de un circo helado. Otro espejismo: los nombres. Thot y Toto sugieren un parentesco entre el dios que no renuncia a la imagen zoomorfa y el perro que al corretear en la nieve o acurrucarse en el mimo de Johan y Judith se siente elevado a la potencia de un cielo estrellado.

Me escondo en mi sombra.

No llegan conmigo los nombres.
Yo llego con ellos.

Estoy muy lejos aquí.

Caracas, 2 de abril 2014

Chinatown

Bulle el Barrio Chino
Las fichas de mah-jong traducen
La algarabía de los jugadores
¿Qué traducirá mi silencio?
En Canal los olores suenan
Y los sonidos huelen
¿A qué huele mi silencio?
¿Cómo suenan mis huesos?
¿Cómo suena mi piel?
Cuencos y kuàizi sobre las mesas
Pido cubiertos, solo hay 筷子
Me digo: hoy comerás
Con un par de lápices
Mañana escribirás
Con tenedor y cuchillo
En Grand me asomo al mercado
El pescado fresco son peces vivos
Moscas, precios, ideogramas
Sobre el mostrador el pez se sacude
Para espantar el cuchillo
Que le ha cortado la cabeza
Y le ha vaciado las vísceras
Ideogramas, precios, moscas
Unos cangrejos escapan
De la mole de cangrejos
Y huyen por la acera como ideogramas
Trazados por una mano invisible

Hasta que la mano del vendedor los borra
Sigo por Grand con agallas y escamas
Al cruzar por Mott tengo muelas
Ojos compuestos y pedunculados
Vacío como el Tao me borro y sigo
Sigo hasta aquí

Nueva York, 27 de agosto 2011

Akkad*

Para Carol Maier

Arriba la noche es una sola
Y dura siglos. Abajo
El hombre deletrea estrellas
Y se ve en el titileo

Que lo borra y lo repite. Arriba
Y abajo, reunidos y dispersos,
Signos, imágenes, miradas
De pupilas negras, plateadas.

Arden crestas de gallo, saltan
Peces voladores, se arrastran
Espejos sobre páginas sin autor,

Que será uno y muchos, todos y nadie.
Cielo y Tierra riman. En puñados de letras
Que se disipan, rimamos tú y yo.

Caracas, 24 de septiembre 2014

---

* Al leer la escritura de los cielos, los acadios ayudaron a superar el terror a la noche y a domesticar su abismo invertido. Legaron así, anticipada catedral, un origen natural y altísimo, perfectamente abovedado, para el alfabeto, la sintaxis que rige el orden estelar de las palabras y la gramática que al arte de las letras da combinaciones infinitas.

La página en negro de Akkad es el deslumbrante negativo de la página en blanco de Mallarmé.

Sobre el papel o la arcilla húmeda, escriba y poeta –moderno el escriba y antiquísimo el poeta– arrojan constelaciones que son notas, fonemas, dados, signos, pentagramas, sílabas. Música de las esferas.

Si la poesía advierte la seducción de ambas insinuaciones, que no son alternativas sino apuestas, lados de la taba o anverso y reverso de una misma hoja, lo oscuro brilla, exalta a la luz. Es un inagotable surtidor de luces.

Por eso el Zohar es acadio y Constantino también. El cabalista ve la luz de Dios en las estrellas que brillan de noche y el emperador la ve en pleno día. La visión nocturna organiza el cielo alfabéticamente y le presta a la escritura semillas luminosas: signos que son aliento, sonidos, voces. La visión solar cambia el destino del mundo: al levantar la vista hacia el sol, el vencedor de Pons Milvius observa una cruz de luz y sobre ella, espléndida corona de espinas, tres palabras en griego prometen la victoria.

Estas relaciones caligráficas entre Cielo y Tierra, recogidas en mitos entrañados en poemas como *La cabellera de Berenice*, ya no suscitan el mismo entusiasmo. Los mitos, y acaso también la poesía, parecen haber caducado. Hoy son ruinas sepultadas en la memoria. Ruinas latentes – aunque muy vivas– de una historia antigua cuya transcripción ahora se confía a la taquigrafía binaria de las computadoras, y cuyos episodios son escritos y reescritos por telescopios y espectroscopios. Ojos de precisión de la lectura inmemorial, que interpretan la vastedad pulsando su explosiva masa y sus devoradores vacíos, midiéndola incluso, para develar misterios que visiblemente coexisten con los transfinitos de Cantor.

La materia se rinde a la matemática y los mitos a la razón. Como corolario, el desciframiento de los jeroglíficos estelares se aleja decididamente de los sentidos hacia el sentido, de Freud hacia Einstein, del psicoanálisis y el sueño hacia la astronomía y la astrofísica, ciencias insomnes. Y sin embargo, estas nuevas lecturas, también acadias, no borrarán, como de un palimpsesto, el trasfondo mítico que las alturas conservan a pesar de las megalópolis alumbradas como para negar el hechizo de las constelaciones. ¿O acaso la moderna interpretación del cielo obligará a buscar con telescopios los antiguos mitos, y a leer la poesía, Braille del cielo oscuro y remoto, con espectroscopios teóricos de altísima imprecisión?

Cae la noche en Caracas y pienso oscuro. Aun si quisiera escribir claro, no podría. No puedo. No quiero. Pienso que sueño. Sueño que pienso. Pienso con los ojos. Sueño con el oído. Pienso con la lengua. Sueño con la piel. Pienso al aspirar. Los sentidos tienen sentido y el sentido no lo tiene. Solo tiene sentidos. O más sentidos que sentido.

Cae la noche de hace siglos. De hace eones. La noche del Génesis. Del instante antes del Fiat lux. Cae vencida pero veo sus luces a pesar de la ciudad alumbrada. Las busco. Las imagino. Las necesito.

Leo, como en Braille, la noche constelada de mitos y poemas. Oigo la lira de Orfeo convertida por Zeus en una constelación. Por eso, imagino, en la *Canción V* Garcilaso habla de su baja lira. Humildad traducida en la sujeción del poema al condicional que lo abre, precario fulcro que servirá de apoyo a todas las estrofas: las veintidós liras de su lira. Música de las esferas, son de Orfeo, invocados para cantar la beldad y la aspereza de la flor del Gnido.

Se alude a la constelación musical para tratar de conmover a una mujer que ha convertido en viola a su amante. Zeus transforma en más la lira de Orfeo; ella ha transformado en menos a un hombre. Arriba, la constelación; abajo, el amante despechado; en el medio, de intermediario, con su condicionado fulcro Garcilaso sostiene el poema.

Siglos después Octavio Paz confunde Cielo y Tierra en una lira de ocho cuerdas: *Hermandad: homenaje al astrólogo Claudio Ptolomeo*. Al deletrear los versos el lector descifra constelaciones. Orfeo, Claudio Ptolomeo, Garcilaso, Mallarmé, Paz, hacen día de la noche con los soles que en Akkad se leyeron como una vasta y misteriosa escritura. Gracias a ellos somos acadios todavía.

Keros

Ecos blancos en la página blanca
Que es un mármol de catorce líneas.
Sin brazos, el arpista pulsa el vacío;
Sin cuerdas, el arpa vibra al son

De antiguos acordes. Escuchas
La belleza de la luz en su verdad
implacable. La piedra dice espumas
Y te arrullan olas calladas en la música

También callada. Cantan gallos en el mar
Y miden compases de otro tiempo.
Despiertan todas las horas

En la historia que da la hora exacta.
Así cantaba el gallo de oro
En la leontina del abuelo.

Caracas, 23 de agosto 2014

Heródoto, VII, 39-40

Bagajeros, acémilas, jinetes,
lanceros, carros, caballos neseos:
el ejército de Jerjes desfila
entre las mitades del cuerpo.
El rey cumple su palabra,
accediendo al ruego de Pitio:
demediado, su primogénito
no tendrá que marchar a la guerra.

Caracas, 6 de diciembre 2014

Galeote

A Luis Bolívar Reguillo

Dos olas, una isla; tres olas, otra isla.
Nombres, solo nombres, muchos nombres.
Una memoria sin pasado lleva la cuenta.
El golpe curva las manos; a punto de retorcer
espuma los remos colocan su sombra de perfil
sobre el agua, apuntan al abismo para quebrarse
en refracciones; mitad boya, mitad lucio, trazan
ideogramas, marcan rumbos desconocidos,
dibujan islas en el mapa inconstante.
En la otra orilla quedan dioses azules.
Quedan tempestades como peldaños
solapados que se empinan para segar el viento.
Al unísono los remos repiten mitades; rompen
la superficie, destapan garrafas de brisa,
apuran copas de sombra, untándole olas
y nubes por dentro y por fuera hasta dejarlo
entre muros como lomos de delfín.
Sin cuerpo. Viento, solo viento. Otra isla.

Caracas, 11 de junio 2014

Limosna para el cínico

Se despidió de la sangre
Y de la casa donde había nacido.
Abandonó sus tierras,
Los esclavos, el oro y la plata
Que tantos envidiaban.
Se entregó de lleno a la pobreza.
La mendicidad le parecía
Una discreta opulencia.
Si fuera mendigo, aseguraba,
Sólo pediría perdón.
Perdón al tiempo por perderlo.
Perdón al espacio por ocuparlo.
Perdón a la vida por vivir a medias.
Perdón a la muerte por hacerla esperar.

Caracas, 13 de mayo 2013

El converso

El astur de la legión VII desafía al emperador
con el denario, reluciente hasta los bordes
del recién estrenado tintineo. Lo lanza con fuerza.
Cara: altares sin dioses. Cruz: dioses sin altares.

El aire sopesa a la moneda, pinzándola
entre lejanas fronteras y el pico agorero de un cuervo.
Como una vela, el desdén por el perfil laureado
y la cornucopia se hincha en el viento.

Ya no cree en plata acuñada con gladios
ni en la reiterada vanidad del mármol.
Adora el madero y la corona de espinas.

Adora lo invisible. Que el denario se demore
en sus giros y jamás vuelva a mis manos, eso pide.
No basta el azar, apuesta al milagro.

Caracas, 13 de junio 2014

Teotihuacán

Para Roberto Cantú

Sobre la tierra calcinada florecen
Como cactos el Sol y la Luna.
La Calzada de los Muertos
Se arrastra entre pirámides vivas.

La atravieso con el corazón
Entre los labios. Aún se desliza,
Mudo, el cuneiforme de la víbora
Que el cantazo apartó del camino.

Cuento los peldaños que faltan
Para que arriba sea más azul
Y abajo sea más lejos. En el viento

Silban y son pájaros las nubes.
Me sigue mi sombra. Luego yo la sigo.
Quiero alcanzarla y no puedo.

Caracas, 27 de agosto 2014

Cuicacalli

Tiempo y espacio se cruzan
Fuera del tiempo y el espacio.
Cuando la hora es ya y donde
El lugar es aquí, baja el sol
Las gradas del templo. Vuelve
A caber entre dos párpados
El paisaje de cuatro orillas
Y la ciudad estalla en voces
Y cuerpos que son pétalos.
Los padres siembran verdades
En el pecho de los hijos.
Las madres peinan a las hijas
Nacidas con verdades en el vientre.
La hora ahora se fija en colores,
Apariencias, superficies, talla el canto
Macizo del volumen ensimismado
En sus tres dimensiones. Al sol
Desnudo despiertan el plumaje
Del águila y las manchas del jaguar.
Despiertan los guijarros como escamas
Y son escudos las escamas del crótalo.
Cerca suena la piel, suena el río a lo lejos,
En las alturas una nube solitaria busca
La compañía de algún pájaro errante.
Las conjunciones estelares yacen
Otra vez a ras del suelo. La luz
Que se llamaba lluvia de estrellas

Y lucero se llama sol, se llama fuego.
Por la calzada trazan la delicada línea
Del horizonte los muchachos que desde
El este se acercan cantando y las muchachas
Que cantan al acercarse desde el oeste.
Se acercan unos a otros como el ocaso
Y la aurora para reunirse entre dioses.
Giran los jóvenes como flores y palabras
En sus tallos al cantar y bailar la llama
De diferencias que cesan. Son cinturas
Y labios las paredes de piedra.
Está abierta la casa del canto y la poesía.

Caracas, 14 de febrero 2015

Arcimboldo

Pelo azul
Ojos rubios
Boca de lobo
Nariz viento en popa
Cuello de garza
Cabeza de alfiler
Sombra chinesca
Piel de cebolla
Risa al dente
Cintura a rebato
Pierna suelta
Rodilla en tierra
Talón de Aquiles
Pies^2 de plomo

Caracas, 6 de noviembre 2011

Hermes o el pintor*

Rembrandt de brocha gorda, Hermes cubre
De blanco las paredes blancas de mi cuarto.
Imagino al niño Kazimir Severínovich Malévich
Imaginando el suprematismo en Kiev años antes

De plasmarlo en el *Cuadrado negro sobre fondo blanco*
O el aun más sobrio *Cuadrado blanco sobre blanco*.
Pintan con cal las cuatro paredes de su cuarto
O acompaña al padre a la refinería de azúcar.

Ya ese día, o muchas noches de ese día,
Ha llevado al dorso del párpado
Lo que con el tiempo llevará a la tela.

Las verdaderas partidas de nacimiento
Son así. No registran fecha ni lugar,
Ni siquiera nombres. Solo sueños.

Caracas, 29 de agosto 2014

---

* El joven colombiano que pinta nuestro apartamento se llama Hermes
Santana. Al verlo cubrir de blanco el blanco de mis paredes imaginé al niño
Malévich, testigo de cal y azúcar.

Walt Whitman

El anciano se inclina hacia mí
como un tallo doblado por el viento
o la penúltima hoja de un libro
y repite lo que al fin creo oír:

–Excepto por el lugar y fecha
de tu nacimiento y de mi muerte,
tú y yo hemos sido el mismo,
somos el mismo.

Imagino que se trata de un poeta
y que en estas líneas
le he servido de amanuense.

Al despertar, siglos aparte
y un mar de por medio, ¿seguiré
siendo ese otro que soy?

Caracas, 22 de agosto 2014

Collage de azogue

Para Mark Strand

Parece ser su rostro
Pero no se reconoce.
¿Quién mira, a quién mira,
La mirada que cree suya?
Ni de lejos ni de cerca
La sorprendente imagen
Recuerda lo que ha sido.
Se pregunta si sabe vivir,
Si sabrá morir, si ha vivido,
Y la boca que dibuja
Las palabras no responde.
Ni siquiera su aliento responde.
Es lo que ha dejado de ser.
¿Habrá muerto y no se ha enterado?
La respuesta se empaña en el vaho.
El rectángulo que sin piedad la repite
Hasta hace poco era un espejo.

Caracas, 29 de noviembre 2014

Abandono

En el manuscrito resbala una palabra.
No la reconoces. No es mía, dices.
Cautelosa, insolente, inexacta.
Más de lo que quieres decir. O menos.

En el espejo resbala la imagen.
Enmarañada en ovillos, se aleja
rodando como una gota de azogue
hasta que desaparece.

La sombra que repite tu silueta
escurre el bulto, se zafa del cuerpo,
le niega sus inquietos ideogramas.

No tengo amo, grita tu palabra.
Yo tampoco, chilla tu imagen.
Ni yo, brama tu sombra.

Caracas, 20 de agosto 2014

Retrato hablado

Yo no sé cuántos soy.
Soy tú, soy él, soy ellos.
Soy ustedes, soy nosotros.
Soy todos menos uno: yo.

Caracas, 22 de marzo, 2015

Escala de Beaufort

Amaina el temporal.
Se apaga el fuego.
El hielo se derrite.
En sus réplicas
se aquieta el terremoto.
Conoces esos excesos
que no duran, fiebres
que apenas dejan ecos,
secuelas, espejos
palpitantes pero helados.
A quien supo arder
no basta el rescoldo:
como una vieja cicatriz
anhela viejas heridas.

Caracas, 10 de julio 2014

Orfandad

Como el viento
Buscas dónde quedarte
Quieto invisible de tanto
Ser y estar ahí siempre
Uno más entre los árboles
Que dan frutos en verano
Y pájaros todo el año
Uno más entre piedras
Que esperan pesar menos
Uno entre números
Hechizados por el infinito
Buscas vientre entre las hojas
Nunca acabas de nacer

Caracas, 6 de julio 2014

Lenox Hill Hospital

Le hace reverencias al sol como un zoroastra y bebe sorbos de agua.

Se queda de pie hasta cansarse, agotado por su propio peso, que aumenta kilos por minuto.

Trata de imaginar cómo caminan los árboles, cómo se sientan, cómo se acuestan, para contagiarse de quimeras arborescentes.

Quiere que sus piernas, como la plata columnaria que sostiene a un vasto imperio desaparecido, cedan a la somnolencia y se sueñen raíces, así quizá puedan resistir el peso del tronco, y el de la copa, ya insoportable para el atlas.

Recuerda al anciano. Antes de morir había padecido estoicamente cien penúltimas muertes. Las complicaciones de salud llegaron a cobrar visos asombrosos. Una de ellas, colocando punto y aparte en la sombra que era aquel cuerpo, acentuó la inmovilidad, pareja de la agonía que duraría casi dos años.

El pie izquierdo había dejado de ser suyo a causa de la embolia, y se le hizo aún más ajeno cuando cedió a la gangrena. De la ambulación pasó a la parálisis para migrar de un reino a otro, reclamando pertenencia a la quietud vegetativa tras renunciar al tic animado.

—Se trata de una gangrena seca, bien demarcada, le explicó el médico a quien sufría más que el paciente los males del paciente. No intoxicará al organismo, pues permanecerá fija en el pie, sin afectar la pierna, afectación que luego, al involucrar las vísceras, inevitablemente produciría la muerte.

–¿Qué recomienda?

–No hacer nada. No habrá que amputar.

El alivio del diagnóstico, que no precisaba nuevos procedimientos invasivos, fue confirmado por la demostración, que lo colmó de extrañeza. El médico retiró la sábana del pie, exponiendo el miembro de color pardo, negruzco, que le sugirió al neófito una astilla de Cnosos recién excavada, como si la extremidad discordante fuera mármol perfectamente conservado a pesar de las llamas que lo habían chamuscado.

–Tóquelo.

Con la yema de los dedos, luego con los dedos y la palma ajustados como un guante a las curvas ennegrecidas del empeine y la planta, tocó el pie, frío, tieso, liso y reluciente azabache. En realidad no lo tocó, lo acarició, mirándole el rostro al veterano de la muerte para cerciorarse de que ni lo humillaba ni lo molestaba al examinarlo.

–Duro, sin miedo. Golpéelo con los nudillos, que él no sentirá nada.

Pardo, negruzco, lo que a primera vista parecía cuero respondió al tacto como una horma de zapato. Al tercer golpe los nudillos se transformaron en una cuádruple aldaba de bronce sobre aquel espejo de madera.

La carne tenía allí un portón de caoba, insinuando la paulatina conversión en ataúd, como si desde adentro fuera capaz de tallar víscera a víscera, músculo a músculo, poro a poro, su exacta imagen y semejanza, hasta albergar cabalmente el volumen acalambrado en aquella extraña superficie.

Él recordó los cuerpos petrificados por las cenizas del Vesubio. Recordó a Ovidio. Recordó el talón de Aquiles. Y recordó, metamorfosis evocada por otra, la ley del talión.

―Ojo por hoja, se dijo, y de inmediato una mueca delató a la irónica evasión, el astuto comodín que permitía mitigar tamaña sorpresa y dolor, alejándolo de aquella cama y de aquel hospital hacia un antes y allá remotos que piadosamente lo anestesiaban.

Cobardía disfrazada de historia, lecturas, imágenes, memoria de siglos y milenios impasibles en paredes de museos y páginas hojeadas como abanicos, manecillas de un reloj tan suizo y exacto que siempre evitan la hora, el ahora mismo, cicatrizándolos antes de cumplir heridas.

Se quitó ese pensamiento como una curita.

Y no solo se hubiera quitado ese huidizo pensamiento sino la mente misma con tal de permanecer de pie junto al nonagenario postrado, fija sombra doliente suya para morir un poco su muerte a plazo, quieto en un tiempo que dejaba de ser humano para ser más humano.

Lo llamaba por su nombre y apellido de nadie la mitad involuntaria de aquel cuerpo inerme, resonantes aún los nudillos en la llaga de madera, ya y aquí al aldabonazo abiertos, compartidos.

Entonces quiso ser árbol. Quien de niño se soñara cazador sioux o guerrero apache, quiso ser árbol, trocando la sabiduría de los libros por la savia de un roble, un jabillo o un poco de hierba. Envidió la inteligencia vegetal, el heliotropismo ardiente y el hidrotropismo tentacular que bastan para afirmarse entre el cielo y el centro de la tierra.

Estas palabras no sirven para recordar más ni para olvidar mejor. Pero son las únicas que tiene. Y se ha resignado al uso obligatorio, escamoteando recuerdos cuando quiere recordar y multiplicándolos cuando quiere olvidar.

Se pregunta si es más fácil olvidar o recordar. Lo mismo sin duda se habrán preguntado Simónides, inventor del milenario arte de la memoria, y quienes lo han seguido o adversado. La lista incluye a Aristóteles, Cicerón, San Agustín y Bruno, nada menos. Él añadiría dos adaptaciones recientes, ambas oblicuas y acaso inconscientes. El psicoanálisis y la memoria involuntaria. Freud y Proust. El sueño, apagón de los sentidos que despierta un sentido recóndito, insospechado; y el olfato, que en una prosa relojera y sinuosa permitió la recuperación del tiempo perdido.

¿Acaso podría revivir los días, semanas, meses, años de sobresaltos y esperanzas inútiles, que vivió para compadecer a un anciano? ¿Podría recuperar ese tiempo archivado en la memoria, comprimiéndolo en unas frases hábiles, torneadas como por un ebanista?

Vuelve la mueca al rostro.

Otra vez se tendrá que quitar la curita.

Acepta la insuficiencia de las palabras, rebeldes sin pausa que lo llevan de la mano a donde ellas quieran, aunque él simule pastorearlas.

Los límites de mi lenguaje, los límites de mi lenguaje, los límites de mi lenguaje. Evoca la frase de Wittgenstein y la repite, pero la deja trunca.

Mejor dejar ciertas cosas a medias. Aceptar gustosamente las limosnas del entendimiento o la memoria, aprendiendo a rendirse para comprender o no lo poco que se sabe y lo mucho que se ignora. Así se llega a comprender o no aporías y paradojas, sueños y sentimientos, la interminable cola de los números irracionales y las separaciones decimales del destino y la muerte, que en algún punto nos dividen entre una orilla y otra.

—Hoy será uno de esos días, se dice, y a la zaga de aquel ya perdurable sigue haciéndole reverencias al sol mientras bebe otros sorbos de agua.

Está de pie frente a la ventana que finge horizontes. La transparencia enmarcada se confunde con su aliento, el vidrio absorbe a su mirada como una gota exhalada, hasta que sólo ve con los pulmones, y sólo ve viento, el abismo que lo traspasa.

Las ganas de ser lo engañan. Pero se empina hacia una nube amarilla, rosada, que se seca en la acuarela de la mañana.

Y es que de veras desearía cambiar ojos por hojas y en el verdor estrenado recibir mil veces la luz. Ser, como aquel anciano, un árbol.

Caracas, 16 de junio 2015

Asela

La llamaron enseguida
para que viera al hermano
que acababa de nacer.
Su nombre fue lo primero
que él oyó en el nuevo mundo,
su nombre que estaba en la casa
como los cuartos y el pasillo;
Asela esperándolo en el patio
de palmeritas y violetas rusas,
verde y morada como las mañanas;
Asela, Aselita resonante en los mosaicos
que engañan la distancia, repitiéndola
desde la aldaba a la cocina; o jugando
a los escondidos con él, embudos
de sombra y rincones las paredes.
¿Quién es ahora?
¿Dónde está que no lo reconoce
y él tampoco la reconoce?
–Asela, repite, Aselita, Lunga.
Si oye, no responde.
Olvida la lengua y no habla.
Olvida las piernas y no camina.
Olvida la boca y no come.
Olvida la noche y no duerme.
Pero sueña, sueña, sueña,
y a ratos olvida olvidos y recuerda:
–Tavito, dice, y la casa de tela

lo arropa como un mosquitero,
lo acuna la casa de madera, meciendo
gallos con el sol, moradas las mañanas
al despertar redondo en la madre
y nacer forjado para las verjas,
para la sangre y el retrato del abuelo.
Con su nombre, con su hermana.

Caracas, 15 de mayo 2014

Epitafio

Si tuve tiempo,
lo perdí.

Si tuve mundo,
lo soñé.

Si tuve sombra,
me dejó.

Si tuve nombre,
se borró.

Caracas, 2 de febrero 2014

Manuscrito de Federico hallado en el corazón de Octavio

Para Diana

Sigues muerto y estás vivo
Vuelven a ser tuyos tus labios
Vuelven a ser tuyos tus ojos
Vuela el colibrí de tinta
En líneas de azabache
Y entre pétalos de tú y yo
El arco iris traza puentes impalpables
Sigues vivo y estás muerto
Noche cerrada los ojos abiertos
Para acercar siluetas al cuerpo
Noche cerrada que se llama ella
Queretana hermosa pelo negro
Poco a poco poro a poro despiertan
Los números en la piel despierta
Alrededor de la vasija etrusca calamares
Y pulpos abrazados a la redondez encienden
Candelabros de ocho cocuyos que son velas
La cintura del reloj de arena se contenta
Con un solo grano redondo y rosado
Porque el tiempo dice ya y se detiene
Porque ahora es siempre al verte aquí
Ahora y ahora mismo en la mitad del viento
El calendario de la piel a flor de piel
Canta chicharras espejos pájaros

Los números zarpan del dos al uno
Y logran la unidad absoluta del ser
La sombra de Parménides sonríe
La plenitud de la sombra enamorada
Un prisma negro regala siete colores
Al sol añorado por otros soles
Ya hay luz en el cielo de la boca
Que calla para decir besos

Caracas, 12 de junio 2015

Orquídea negra

Gira la hora hacia lo oscuro.

Sesenta siglos el minuto, sesenta eones el segundo, sesenta olvidos el instante.

La hora ahora es una. Única.

Al fin me pierdo en una sombra que no es mía.

Regocijo de inmensidad: ser a oscuras, ser a medias, ser menos.

Vivir dentro del cero. Romper la cáscara para morir.

¿Estaré frente a dios? No lo sé. Y a él poco le importa si yo lo sé o no.

Y mucho menos le importará saber si estoy ante él de frente, de espaldas o de perfil. Su indiferencia sería un posible indicio de que existe. De que existo.

Peldaños en el vacío: de crear a creer. De cero a creo.

Si Adán es nada, y ave Eva, soy dios.

Dios no saber. Dios cero. O mitad de cero. Así merecería fe. Así mi ignorancia y la suya, mi asombro y el suyo, merecerían la noche.

Credo, creo, cero.

Y sin embargo, el ojo no se equivoca al mirar hacia arriba. La poca luz restante está allá. Es poca pero bruñe al basalto, insinuando una voluptuosa simetría de labios entreabiertos que son pétalos, aliento, aromas para mi árbol respiratorio.

Me besa la noche. Me visto de noche. Me desnudo para cubrirme de estrellas.

Las estrellas parecen rocío.
Al amanecer cubrirán las hojas.

Caracas, 16 de noviembre 2014

Caracol

Primer giro, albañil de cúspide.

Punto y aparte abierto a cal y canto.

Curvas, vacíos, noches estrechas donde rompe la marea.

Por dentro, desde adentro, hacia adentro, la creciente esculpe.

Como de geoda o jardín árabe, oculta, la belleza.

En la seda del nácar, inerme, el molusco, esa lengua muda.

Dice portada y páginas: concha y espirales.

Contigo, conmigo, bailan las palabras.

Ápices: lápices.

Escrito es Cristo.

Piral y criatura: espiral y escritura.

Rizada perla en deslave, cicatriz que sortea heridas.

Miras, mirror, miroir, mirar: en el laberinto del oído, imprecisos, como imágenes devueltas por tu espejo, los ecos cobran vida fuera de ti: allá, donde hasta hace un instante no estabas.

Tallado en hielo, asoma en la corriente; al desleírse deja gotas empozadas en la memoria, frescas todavía.

Del punto en el espacio o en el tiempo donde empieza
la progresión calcárea, el volumen, la forma.

Número irracional y éxtasis, fuera de sí.

Nube retorcida, transforma, se transforma: yo es otro, y otro, y otro, y otro, hasta ser todos.

La forma es el vacío.

Mayor embrujo, espiral en sombra.

Cal recorrida, embudo y puquio en sílabas;
y por palabra, arisca cueva de cangrejo.

Caracas, febrero 2014

Paradoja del caracol

Amanece en Guantánamo la tarde caraqueña.
Mi aquí es allá y mi ahora es ayer.
Lo fue Nueva York, lo es Caracas.
La madeja de avenidas y transversales, y los pulpos que distribuyen el tráfico de las autopistas hacia arriba o hacia abajo, hacia ocho o mil puntos cardinales que se extenúan en sus confines, son mi Vía Apia.
Todas las ciudades caben en el pequeño pueblo de calles cuadriculadas.
Todos los caminos conducen a El Uvero.
A la caída de la tarde se hace presente el pasado. Con el sol cae la hora, el ahora, y la historia fluye al revés, como si aspirara a arqueología. O a geología.
Comienza la paradoja del caracol.
Una de estas palabras, quizá la próxima, es el ápice de la concha. Allí, aquí, se retuerce el punto en una primera espiral, la columela saborea tiernos nácares y la sombra que acaba de nacer obedece ciegamente a la progresión logarítmica.
El cero es menos. El cero crece. Es infinito.
Quizá sea el sol rojizo, tibio, brisado, que por contraste me recuerda al que dejé atrás, y que se ha puesto para siempre en un paisaje ya tan distante en el tiempo y el espacio que se pierde, menudo, blanco, rosado, como un grano de arena entre otros granos de arena.
Son las seis y veinte de la tarde. Amanece en Guantánamo. Es hora de olvidar el presente.

Tuve por lo menos tres paraísos: la infancia, el patio de Regino Boti y otro rincón oriental que muchos fines de semana y verano tras verano me permitía vivir la tierra como cielo: El Uvero.

Nunca sé si debo agradecer de rodillas la riqueza acaso inmerecida de estos tres paraísos o si más bien debo lamentar haberlos perdido todos, y no uno a uno sino los tres de golpe, de cuajo, triple pérdida irreparable que me ha hecho sentir la extrañeza de cualquier instante, eso que sin vacilación alguna la gente llama pasado, presente y futuro; y la no menor extrañeza del espacio, este que es mi propio cuerpo, o el que mi cuerpo ocupa en la ropa que siempre ha sentido incómoda, como si obstinadamente se negara a ser de mi talla, o los otros, todos los otros, paisajes, rincones, horizontes, este norte oeste sur de cuatro paredes, barrio, ciudad, tierra ajena que en vano trato de hacer mía.

En el trío de paraísos perdidos mi sed de aventuras era insaciable; sobre todo en El Uvero, donde trataba de saciarla en aguas que gracias a mi pericia náutica raras veces tuve que tragar y donde difícilmente me pudiera haber ahogado, pues me zambullía con careta y snorkel en profundidades que casi nunca excedían los dos metros, aunque yo las soñara para el trirreme de Temístocles o el Nautilus del capitán Nemo.

Durante horas seguidas, y desoyendo los reclamos de mi madre, siempre preocupada por el sol o la lluvia, por un hipotético tiburón o la creciente marea, yo buscaba tesoros en el fondo del mar, quizá con la esperanza de correr —nadar— con mejor suerte que mi padre, a quien ocasionalmente acompañaba en sus safaris por la costa de Puerto Escondido y Jatibonico, donde él soñaba hallar cofres de piratas rezagados.

Mi padre nunca perdió la ilusión de botijuelas repletas de peluconas, una daga de Drake, alguna espada mohosa o un arcabuz todavía cargado y apuntando al curioso que caminaba sobre la tumba del caído.

Nunca tuvo tal suerte, sin embargo.

Yo siempre la tuve.

Quizá porque mis peluconas, mis dagas y arcabuces eran pececitos, tamboriles, rayas, tapaculos, ariscas morenas, picúas, rabirrubias, langostas, pulpos, aguamalas, negros erizos de inquietas y largas púas, y erizos verdosos, chatos y tan mansos que sin peligro se podían agarrar con la mano, corales macizos y redondos y otros como penachos agujereados que abanicaban el fondo del mar para aliviar el sol a plomo que me acompañaba en las zambullidas.

Conocía palmo a palmo la herradura de El Uvero.

Se abría en el promontorio que llamaban la roca de Luis
Armand, que era su punta más visible, pasando
por la playita que también llevaba ese nombre
y apellido, frente a nuestro rancho, luego por
el muelle que parecía una flecha a punto
de ser disparada mar afuera por el
arco de la costa que empezaba a
tensarse, y seguía por el acantilado
que desde ahí bajaba hasta el rancho de
Pepe Guerra, donde nacía la playa principal,
que terminaba en agua llana y dienteperro allá
por el rancho de Tames, donde la curva se torcía en
escasa arena hasta culminar en la otra punta de la herradura.

Un caracol de buen tamaño era hallazgo que valía la pena dejar en la orilla para luego mostrárselo con orgullo a mis padres. Si el trofeo tenía inquilino había que devolverlo inmediatamente a las olas. Si estaba desocupado podía llevarlo a casa, donde acrecentaría la colección de curiosidades que atesoraba en aquel último cuarto que para mí siempre fue el primero.

En mi pasado presente nunca faltan esos caracoles que me llevaba a Guantánamo.

De bóvedas y paredes enroscadas, eran túneles que se remontaban a donde yo quisiera, y que graciosamente concedían al vacío y las ausencias una particular aplicación de la ley de gravitación universal, pues adquirían peso de cosa útil, muy útil: peso de juguete.

Un caracol podía ser cualquier cosa, hasta el mar mismo. Y quiero decir: la totalidad del mar. Todos los océanos con sus océanos de profundidad.

Un caracol era un espejo. O podía serlo.

Un caracol era un calidoscopio. O podía serlo.

Giraban las espirales, provocando maravillas, geometrías en copos de nieve de infinitas formas y colores que de repente con un paisaje y otro, con una aventura y otra, otra, dibujaban la algarabía del niño.

Así aquel último cuarto se transformaba en playa, mar huracanado o batalla naval; como también de buenas a primeras, y gracias a los colmillos de elefante del abuelo, se convertía en las grandes praderas africanas; y por si fuera poco, con monedas griegas o romanas, podía convertirse en antiguos imperios; y con minerales y fósiles en una nada platónica cueva del paleolítico o en algún otro entonces muy anterior, absolutamente geológico, de veras remoto y difícil de imaginar, pues abarcaba épocas volcánicas, saurias, donde aún no existía el hombre.

Un entonces sin historia ni prehistoria. Uno de sucesos sin testigos, repleto pero vacío.

No existiría el hombre, pero el niño sí.

Yo, sí.

Y en la penumbra de Martí 918 podía acercarme a la mosca cada vez más enviscada al intentar zafarse desesperadamente de la gota de ámbar donde quedaría petrificada, o podía caminar entre helechos gigantes y dinosaurios tan enormes que no me hacían caso, o que por su descomunal altura ni siquiera me veían.

Y por supuesto, estando allí a cada rato me desplazaba hasta El Uvero.

Los caracoles fueron como teléfonos para mí. En su misterioso rumor sentía que me llamaban. No las sirenas, aquellas brújulas nefastas de los antiguos navegantes, sino estrellas de mar, pulpos, manjúas, un corsario que me había invitado a atracar galeones españoles, hasta la ballena que llegué a ver allá por la Punta de la Mula.

Aquel último cuarto es ahora mi penúltimo cuarto.

Lento, lentísimo girar del acróbata entre las barras asimétricas. Siglos, milenios, cada vuelta del trapecista en su caída. Acróbatas, gimnastas, trapecistas, calidoscopios, caracoles, manecillas de reloj que giran al revés.

Son exactamente las nueve y diecisiete de cuándo. De dónde. De quién. De por qué. Para qué.

La paradoja es uno de los juegos que me enseñaron los caracoles. Yo los encontraba en el fondo del mar y luego, al escuchar su rumor, sentía que en ellos se atornillaba el fondo del mar. Contenían el mar donde apenas habían sido duras gotas de agua.

Lección perdurable.

Antes de que me cautivara Zenón, antes de volar tras la flecha detenida mientras zumba y zumba en su curso de puntería inalterable, antes de correr hasta perder el aliento tras el lentísimo Aquiles y la veloz tortuga, mucho antes de soñar el inquietante paraíso de Cantor y perderme como una pobre cifra entre números transfinitos, antes, mucho antes supe lo que eran las paradojas y los misteriosos infinitos incrustados como vetas de oro en otros infinitos.

El tiempo todo es ahora.

El espacio todo está aquí.

Estoy en mi penúltimo cuarto.

Esta noche amanece en El Uvero.

Esta noche es la sombra rosada retorcida dentro de un caracol.

Esta noche soy una sombra retorcida.

Y un punto.

Un punto y seguido.

Caracas, 5 de agosto 2014

Intaglio

Abandonadas,
Como si al escarbar
El cangrejo hallara tesoros;
Repetidas y cóncavas, robadas
A la luz por el artesonado del peso,
Y de los pasos, pues son huellas
Las cuevas vaciadas en la arena;
Huellas suyas que comenzará a borrar
La resaca mientras —ansioso, intrigado—
Él espera alejarse como espuma negra
En el juego de las desapariciones.
Recuerda la tablilla de palimpsesto
Donde desaparecían sus garabatos
Cuando levantaba la lámina mágica,
Dejando leves surcos en la nada,
Visibles si en ellos, como semillas,
La luz ladeada calcaba noches.
Pequeño río de cuatro orillas,
Cera rebanada, hostia, relicario,
Sudario de dioses momentáneos.
Si faltaba la tablilla, la remedaba
Con dos hojas de papel superpuestas,
Apoyando con fuerza el lápiz
Para dejar, insinuadas, apenas visibles,
Las huellas de lo que acaba de escribir,
Más atento al fantasmal blanco sobre blanco
Que a la tenaz escritura. Ladeada como luz

La punta del lápiz, despierta todo
En la nada al frotar la hoja cubierta,
Y amanece la página, más duradera
Que sus huellas en la arena húmeda,
Más blancas las palabras que la página
Donde recuerda y olvida.

Caracas, 15 de febrero 2015

Blanco y negro

Inventa un árbol
y el árbol lo cubre mejor
que el techo de su casa.
Como frutos, arriba, coloca
pájaros de muchos colores,
y abajo riega la sombra
con que el árbol se repite,
dibujándola en la luz
dibujada por la oscuridad.
Llovizna de preguntas:
–¿A qué saben los pájaros?
–A canto, a vuelo, a distancia.
–¿Y la sombra?
–A fresco, a oscuro, a caída.

Caracas, 21 de mayo 2015

Narciso

La luz te engaña y el viento
se lleva los colores. Todo se tiñe
de blanco: nubes pétreas arriba
y abajo piedras fantasmales

procuran sin líneas el horizonte.
Ayer fue hace años. Borroso
en el espejo, tu rostro pregunta
por quienes fuiste, se pregunta

quién eres ahora, qué serás mañana.
Tocas tu piel, duro y frío azogue,
como el viento toca las piedras,

como las nubes y el viento se tocan.
Miras y no hay nadie.
Te miras y me voy.

Caracas, 17 de enero 2014

Río

Soy el espejo agitado y me veo.
Soy mi sombra desobediente y la sigo.
Soy el blanco y disparo flechas
que enroscan su aguijón en el viento.

Muero atravesado, caigo inalcanzable
de horizonte y sigo como un camino
los pasos del espejo flechado.
Irme, quedarme, zumbando

con regocijo otras heridas.
En la encrucijada de la sombra
Y el cuerpo, irme y volver.

Volver apenas por un instante
que no dura ni un instante
al azogue que tan poco dura.

Caracas, 24 de julio 2014

Imagen sin espejo

Quítale la luna a la noche
Y el sol al día;
Quítale tus labios al beso
Y la risa a tus labios;

Quítale la corriente al río,
La acuarela al camaleón,
La caída a la manzana,
El andamiaje al edificio;

Y en vano soñarás aguas claras,
Fruta dulce, lagarto arisco, rubores
De cuatro paredes y dos orillas.

En vano tanta oscuridad,
Tuya sin otro cuerpo
Que el tuyo, mudo, frío.

Caracas, 5 de septiembre 2014

Caballitos del diablo

Las paredes se abren de par
en par como canciones.
Ventanas abiertas, puertas
entreabiertas, brillo de mosaicos,
nubes talladas por el viento y la luz.
Llave la mirada de mi madre, absorta,
fija en mí, buscando entre viejas fotos
la imagen que soy yo, que vuelvo
a ser yo, que nunca dejaré de ser yo,
como si aún tuviera aquellos pocos años.

Nacer aquí, allá donde a cada rato
muero, nazco, bordado en el mantel de hilo
del abuelo o regado con gotas de azogue.
Es como entrar por una herida;
como si las cicatrices se abrieran
para recibirme en el vientre de mi madre.

Una flor se esconde entre sus pétalos.
Pétalos de sombra laminada, goznes
aromados por el peso de siete colores.
La casa levita, un sueño la cimienta.
Caballitos del diablo, las columnas;
caballitos que son cristos, crucifijos,
palmas reales zafadas del apego al terrón
por los esmeriles del viento y la luz
que en los rincones ahijan corrientes, destellos.

Curvo entre pencas, vítreo en alas,
el viento danza, susurrante y cristalino.
El sol se mece en la hamaca de colores;
el medio punto exprime a la media
naranja y sacia la sed de estar quieto;
tras el abanico de vidrio, sala y comedor
sirven mordisqueos de quedarse, sorbos
del mediodía rendido a la media luz.

Caracas, 14 de febrero 2014

Guantanamera

Si fuera cernícalo
Querría aprender a volar
Si fuera mariposa, querría
Aprender fuego y quemarme
Saber noche como los rincones
Saber luz como las superficies
Si fuera río, me pondría un puente
De sombrero para que cruces
Si fuera puerta, me abriría
Para dejarte pasar hasta el patio
O me cerraría como una caja de regalo
Para darte al otro lado de ayer
Un pasado que nunca crezca
Que no llegue a hoy ni mañana
Bosque de raíces negadas al viento
A la lluvia, al verdor de arriba
No hay que comenzar, dicen
Basta permanecer así
Perfectamente acabadas
Soñando en tres dimensiones
Y viviendo en dos, o una, o ninguna
Museo vivo, la memoria
Cernícalo que aprendes a volar
Mariposa que aprendes a quemarte
Tengo más manchas que el leopardo
Mi mujer no sabe qué hacer conmigo
Ni mi hija, ni mis hermanos

Ni mis amigos, ni mis enemigos
Yo tampoco
Soy un líder, dice al ver su sombra
Mírala, me sigue, todavía me sigue
No exhales, no respires, retén el aire
Que no se aleje como el viento
Arrúllalo hasta que se duerma
En los recovecos del pulmón
En lo oscuro, versos claros
Verdes versos de ciervo encendido
Vinca de flores azules
Viburno ramoso de raíz rastrera
Bosque de ves bilabiales y oclusivas
Bilabiales como boca que calla, que besa
Oclusivas como el punto que es un libro
Y se muerde la lengua
De niño filósofo, matemático, astrónomo
Colmillo de macho cimarrón y pájaro carpintero
Tenía calidoscopios en Alejandría
Y entre pétalos armaba observatorios
Decía de noche el sol se llama luna
A veces llega poquito o no llega
La noche da mucho sueño
Se viste de luto por el día que muere
Mientras las vecinas rezan el rosario
Y para que no tengas miedo
Deja lucecitas encendidas
Cielo, camaleón que gira un ojo, luego otro
De día azul, de tarde rojo, de noche negro
Cuadrado como una torta en la ventana
Al amanecer dios apaga las velitas

Tú no te llamas tú
Yo no me llamo yo
Dime tu nombre, senserenico
Vuela conmigo, negrito
Enséñame lejos, enséñame
Alas, allá, más allá

Caracas, 11 de agosto 2014

Escalera

Por peldaños suben árboles, llamas, estorninos.
Así vuelan tus palabras en la luz.
Entre el légamo del río y el centro de la tierra
abandonan las piedras la cruz del volumen.
Así reposan tus palabras entre un labio
y otro, entre un párpado y otro, entre tú y yo,
despidiéndose de la página que las sostiene
en alto, de la mente que las escudriña, del silencio
que las recuerda y la memoria que las olvida.
Se alejan como hojas del verdor
y como el verdor del invierno.
Y luego vuelven del fondo de la página
como vuelven los pájaros del sur.
Vuelven, vuelven, vuelven.

Caracas, 22 de junio 2013

晚

Ya está cerca y no ha zarpado.
Su rumbo ser, soñar, estar
en la cáscara de nuez, aprender
lecciones de luz remota, atravesar
lo oscuro navegando en la luz que tiene,
hacer la noche, ser la noche blanca
y negra cribada por el mosquitero.
En la cáscara de nuez atravesar
lo oscuro, que puede ser la noche misma,
una palabra entreoída que no entiende
o las cifras infinitas que rebasan
las tablas de multiplicar que sabe de memoria.
Lunas negras y redondas, brillarán las pupilas
al embarcarse teñido por la luz extraña
y la almohada arrepentida de otros sueños.
Es vikingo, taíno, murciélago.
Sus pupilas brillan, negras y redondas
en la noche apretada por la cáscara de nuez.
Si los murciélagos ven en la oscuridad,
será murciélago aunque le tenga miedo
a la noche y a los murciélagos.
Si los vikingos saben leer las estrellas,
recogerá la luz que sobra en sus ojos
y amasará el afilado brillo de una espada.
Si los taínos hacen visible al dios invisible
con espirales de tabaco, algún día
subirá al cielo por escaleras de humo.

Eso le dice a la noche, eso promete, y sigue.
Ya ha zarpado. Está más lejos.

Caracas, 12 de septiembre 2014

www.ingramcontent.com/pod-product-compliance
Lightning Source LLC
Chambersburg PA
CBHW022014080426
42733CB00007B/598